$7.99
ocn226966586
08/26/2009

CONTINENTES

Antártida

Leila Merrell Foster

Heinemann Library
Chicago, Illinois

Designed by Joanna Hinton-Malivoire and Q2A Creative
Printed in China by South China Printing Company
Translation into Spanish by DoubleO Publishing Services

13 12 11 10 09
10 9 8 7 6 5 4 3 2 1

ISBN-10: 1-4329-1750-1 (hc) – ISBN-10: 1-4329-1758-7 (pb)
ISBN-13: 978-1-4329-1750-0 (hc) – ISBN-13: 978-1-4329-1758-6 (pb)

Library of Congress Cataloguing-in-Publication Data

Foster, Leila Merrell.
  [Antarctica. Spanish]
  Antártida / Leila Merrell Foster.
     p. cm. – (Continentes)
  Includes index.
  ISBN 978-1-4329-1750-0 (hardcover) – ISBN 978-1-4329-1758-6 (pbk.)
  1. Antarctica–Juvenile literature. 2. Ecology–Antarctica–Juvenile literature. I. Title.
  G863.F6718 2008
  919.8'9–dc22
                              2008019244

Acknowledgments
The publishers are grateful to the following for permission to reproduce copyright material: Tony Stone/Ben Osborne p. 5; Earth Scenes/David C. Fritts p. 6; Tony Stone/Kim Heacox p. 7; Peter Arnold/Gordon Wiltsie pp. 8, 13; Getty Images/ National Geographic/ Ralph Lee Hopkins p.10; Tony Stone/Kim Westerskov pp. 11, 17, 28; Photo Edit/ Anna Zuckermann p. 15; Photo Edit/Jack S. Grove p. 16; Bruce Coleman/Fritz Polking, Inc. p. 20; Animals Animals/ Johnny Johnson p. 21; Earth Scenes/Stefano Nicolini p. 22; Earth Scenes/Patti Murray p. 23; Corbis/Bettmann Archive p. 24; The Granger Collection p. 25; Peter Arnold/Bruno P. Zehnder p. 27; Earth Scenes/B. Herrod p. 29.

Cover photograph of Antarctica, reproduced with permission of Science Photo Library/ Tom Van Sant, Geosphere Project/ Planetary Visions.

The publishers would like to thank Kathy Peltan, Keith Lye, and Nancy Harris for their assistance in the preparation of this book.

Every effort has been made to contact copyright holders of any material reproduced in this book. Any omissions will be rectified in subsequent printings if notice is given to the publisher.

Algunas palabras aparecen en negrita, **como éstas**.
Puedes averiguar sus significados en el glosario.

Contenido

¿Dónde queda la Antártida?

Un continente es una extensión de tierra muy grande. En el mundo hay siete continentes. La Antártida está ubicada mucho más al sur que cualquier otro continente. Esto significa que allí hace mucho frío.

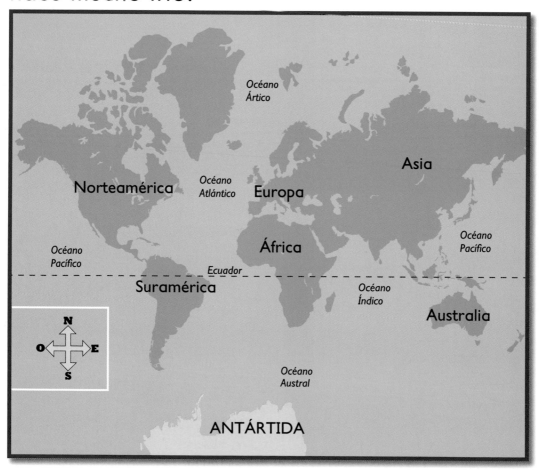

La temperatura más baja del mundo se registró en la Antártida y alcanzó los −128.6 °F (−89.2 °C).

▲ En la Antártida hay muchas montañas cubiertas de nieve.

El **Polo Sur** queda en el centro de la Antártida. Cerca del Polo Sur, el sol se pone sólo una vez al año. Durante los seis meses de invierno es de noche y durante los seis meses de verano es de día.

Capa de hielo

En la Antártida hace tanto frío que la nieve no se **derrite**, sino que se acumula y forma espesas capas de hielo. El hielo cubre casi toda la superficie de la Antártida. Esto se conoce como la **capa de hielo** continental.

▲ *Estas montañas están enterradas debajo del hielo.*

La capa de hielo de la Antártida contiene más de dos tercios de toda el agua dulce del mundo.

▲ *Este iceberg se encuentra cerca de la capa de hielo.*

La capa de hielo continental es muy gruesa. Si se derritiera, el nivel de los mares del mundo se elevaría unos 200 pies (60 metros). Todos los pueblos y ciudades ubicados junto a las costas desaparecerían debajo del agua.

Polo Sur

En este mapa se muestra un círculo llamado círculo polar antártico. Es una línea imaginaria que rodea la Antártida. Casi todo el continente antártico se encuentra dentro del círculo polar antártico.

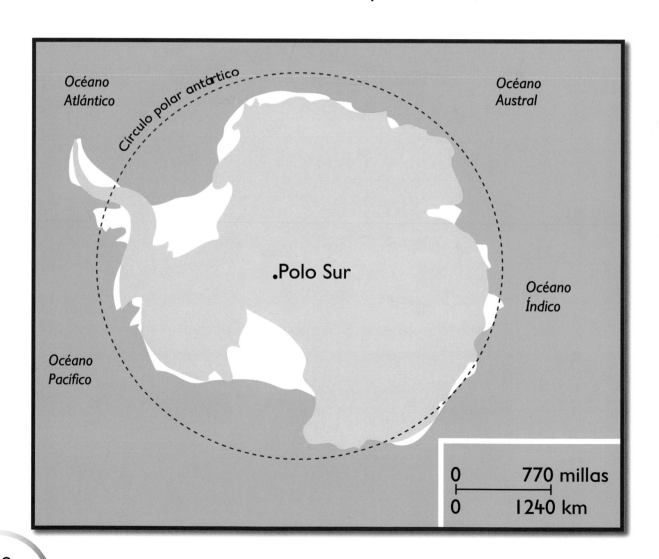

Océano Atlántico

Círculo polar antártico

Océano Austral

Océano Índico

.Polo Sur

Océano Pacífico

| 0 | 770 millas |
| 0 | 1240 km |

▲ *Este poste marca el Polo Sur.*

El **Polo Norte** y el **Polo Sur** son los puntos más lejanos del **ecuador**. El ecuador es una línea imaginaria ubicada alrededor del centro de la Tierra. El Polo Norte se encuentra en el Ártico. El Polo Sur se encuentra en la Antártida.

Clima

En verano se **derrite** una parte de los bordes de la **capa de hielo**. En invierno, las aguas junto a la costa se congelan nuevamente. El agua salada congelada se denomina masa de hielo flotante.

▲ *Los pingüinos viven en el hielo.*

La Antártida es el lugar más frío y ventoso de la Tierra.

▲ *En la Antártida central hay desiertos de hielo.*

En el centro de la Antártida hay un **desierto** de hielo. Allí casi no nieva, pero a veces hay **ventiscas** que duran días enteros. La piel humana puede congelarse en 60 segundos. Aun en verano, la temperatura raramente supera el **punto de congelamiento**.

Montañas

Los montes Transantárticos atraviesan toda la Antártida y dividen el continente en dos regiones. Esas regiones se llaman Antártida Mayor y Antártida Menor. La Antártida Mayor es una enorme **cúpula** de hielo.

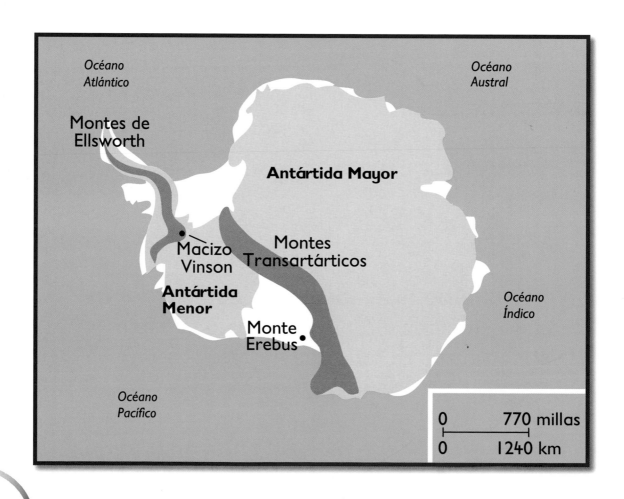

El macizo Vinson es el punto más alto de la Antártida.

▲ *El macizo Vinson se encuentra en los montes de Ellsworth.*

El **macizo** Vinson se encuentra en los montes de Ellsworth, ubicados en la Antártida occidental. El monte Erebus es un **volcán activo**, que a menudo entra en **erupción**. Esto significa que arroja rocas calientes.

Hielo

Enormes capas de hielo flotan en el mar alrededor de los límites de la Antártida. Se llaman barreras de hielo. Algunas de éstas son enormes. Cuando en los meses de verano se desprenden trozos de hielo, se forman **icebergs**.

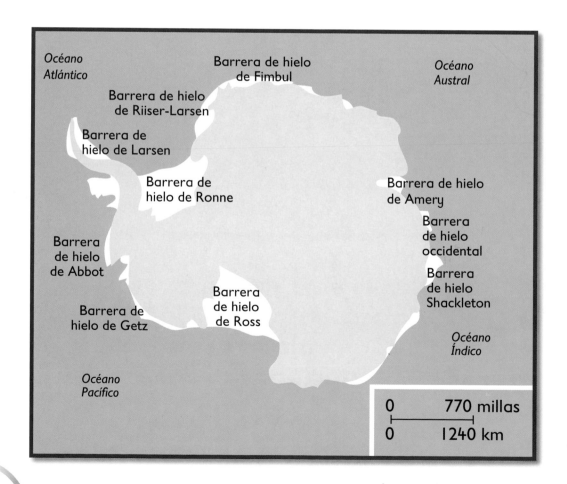

Océano Atlántico

Barrera de hielo de Fimbul

Océano Austral

Barrera de hielo de Riiser-Larsen

Barrera de hielo de Larsen

Barrera de hielo de Ronne

Barrera de hielo de Amery

Barrera de hielo occidental

Barrera de hielo de Abbot

Barrera de hielo de Ross

Barrera de hielo Shackleton

Barrera de hielo de Getz

Océano Índico

Océano Pacífico

0	770 millas
0	1240 km

La mayor parte de un iceberg se encuentra oculta bajo el agua.

▲ *Los icebergs se mueven a la deriva en el océano.*

Las fuertes **corrientes** arrastran los icebergs hacia el mar. Los icebergs son muy peligrosos para los barcos, porque son mucho más grandes de lo que parecen. Pueden pasar muchos años antes de que un iceberg se **derrita** y se quiebre.

Glaciares

La Antártida tiene forma de **cúpula**. El hielo se forma en la parte central más elevada del continente. Después, ese hielo se desliza lentamente hacia los bordes de la Antártida. Estos ríos lentos de hielo se llaman **glaciares**.

▲ *Este glaciar se encuentra en la costa de la Antártida.*

El glaciar Lambert es el glaciar más grande del mundo.

▲ *Este acantilado de hielo bordea un glaciar.*

El hielo de la parte inferior del glaciar es aplastado por el hielo de arriba. Luego, el glaciar entero se desliza avanzando lentamente. Los glaciares parecen enormes acantilados de hielo.

Océanos y mares

La Antártida está rodeada por el helado océano Austral. También hay mares más pequeños cerca de la tierra. El océano Austral impide que el agua más cálida de otros océanos llegue hasta donde está el hielo, por eso el hielo no se **derrite**.

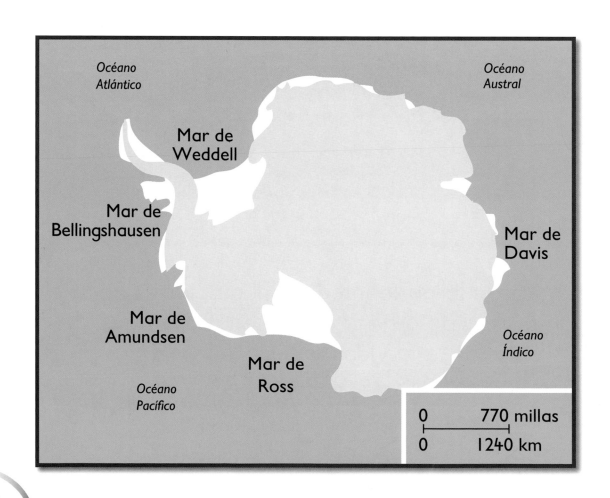

Océano Atlántico

Océano Austral

Mar de Weddell

Mar de Bellingshausen

Mar de Davis

Mar de Amundsen

Océano Índico

Mar de Ross

Océano Pacífico

0   770 millas
0   1240 km

▲ *Aquí se muestra el clima tormentoso en el océano Austral.*

El océano Austral tiene fuertes **corrientes**, fuertes vientos y enormes olas. La mayoría de las embarcaciones que van a la Antártida salen desde el extremo de Suramérica. El viaje dura tres días si el clima está calmo. Cuando hay tormentas, el viaje puede durar semanas.

Animales

La mayoría de las aves que visitan la Antártida vuelan hacia el norte en invierno. Pero los pingüinos se quedan en la Antártida todo el año. Los pingüinos tienen una gruesa capa de grasa y suaves plumas que los mantienen abrigados. Son excelentes nadadores. Cazan peces en el mar.

▲ *El pingüino emperador vive en la Antártida.*

▲ *El hocico del elefante marino se parece a la trompa de un elefante.*

También hay focas y ballenas. Las focas pasan la mayor parte del tiempo cazando peces en los mares congelados. Las personas solían cazar ballenas y focas de la Antártida. En la actualidad hay leyes que protegen a estos animales.

Vegetación

El liquen es la planta más común de la Antártida. Crece sobre las rocas y necesita muy poca agua para subsistir. Algunas especies de musgo también crecen en la Antártida. El musgo y el liquen crecen muy lentamente.

Algunas plantas de musgo y liquen de la Antártida tienen más de 1,000 años.

▲ *El liquen crece sobre las rocas.*

La poa es la única hierba que crece en la Antártida.

▲ *La poa crece en el norte de la Antártida.*

En la Antártida no hay árboles. En este continente hay sólo dos tipos de plantas que florecen. La poa es un tipo de hierba que se encuentra en las regiones más cálidas del continente. Tiene fuertes raíces que la mantienen firme en la tierra.

Exploradores

Los antiguos exploradores navegaron hacia la Antártida en barcos de madera. Pero el hielo los atrapó. Un explorador británico llamado Ernest Shackleton logró escapar del barco en un bote salvavidas. Algunos tripulantes estuvieron a la deriva por cinco meses hasta que llegaron a tierra firme.

▲ *El barco de Ernest Shackleton atrapado en el hielo.*

Roald Amundsen transportaba sus pertenencias en trineos arrastrados por perros.

▲ *Roald Amundsen fue un explorador noruego.*

Roald Amundsen fue la primera persona en llegar al **Polo Sur**. Lo logró en 1911. Un explorador británico, Robert Scott, llegó al Polo Sur en 1912. Su trineo era arrastrado por ponis. Lamentablemente, murió en el viaje de regreso.

Estaciones de investigación

La Antártida es el único continente que no tiene países. Muchos países envían científicos a la Antártida para que trabajen en las **estaciones de investigación**. Estos científicos realizan **experimentos** sobre el hielo. Este mapa muestra algunas de las principales estaciones de la Antártida y los países a los que pertenecen.

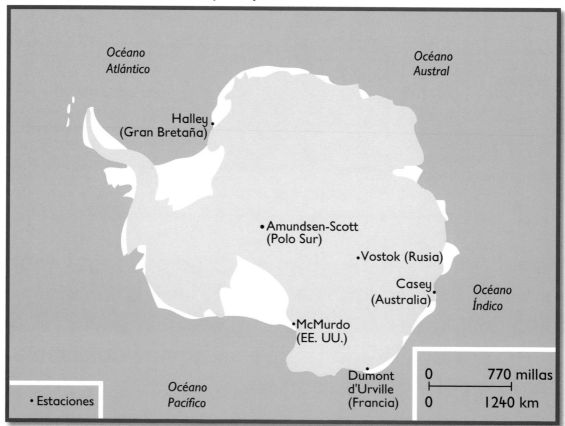

Océano Atlántico

Océano Austral

Halley (Gran Bretaña)

• Amundsen-Scott (Polo Sur)

• Vostok (Rusia)

Casey (Australia)

Océano Índico

• McMurdo (EE. UU.)

Dumont d'Urville (Francia)

Océano Pacífico

• Estaciones

0		770 millas
0		1240 km

▲ *Estación de investigación McMurdo, en la Antártida.*

En 1959, doce países decidieron que la Antártida sería un lugar abierto a la investigación pacífica. En la Antártida no se permite la **explotación minera**. Durante el verano, pequeños grupos de turistas visitan este continente. Está prohibido arrojar desechos.

Ciencia

Los científicos estudian el clima de la Antártida. Esto les ayuda a conocer mejor el clima de todo el planeta. Miden la cantidad de hielo que se **derrite** en verano. Han descubierto que cada año se derrite más hielo. Esto significa que el clima del mundo se está volviendo más cálido.

▲ *Científicos analizan los gases del aire con un globo meteorológico.*

▲ *Científicos preparan sus equipos sobre el hielo.*

Algunos científicos realizan excavaciones en el hielo para saber cómo era el clima hace cientos de años. Otros científicos estudian los animales y la vegetación, o utilizan poderosos telescopios para observar las estrellas.

Datos y cifras

Montañas más altas de la Antárdida

Nombre	Altura en pies	Altura en metros
Macizo Vinson	16,077	4,897
Monte Tyree	15,918	4,852
Monte Kirkpatrick	14,855	4,528
Monte Markham	14,271	4,350
Monte Erebus	12,448	3,794

Datos récord de la Antártida

La temperatura más fría de la historia se registró en la **estación de investigación** Vostock, en 1983. Alcanzó −128.6 °F (−89.2 °C).

En la superficie terrestre de la Antártida nunca llueve. Sólo llueve en la costa.

Los vientos del océano Austral que soplan hacia la Antártida pueden alcanzar velocidades cercanas a las 185 millas (300 kilómetros) por hora.

En su punto más grueso, el hielo que cubre la Antártida mide unos 16,000 pies (casi 5 kilómetros) de profundidad. La mayor parte del hielo de la Antártida tiene unos 6,500 pies (2 kilómetros) de profundidad.

La Antártida contiene, en forma de hielo, dos tercios de toda el agua dulce del mundo.

El mayor **iceberg** que se ha visto era más grande que Maryland. Cubría cerca de 11,600 millas cuadradas (casi 30,000 kilómetros cuadrados).

El **glaciar** Lambert tiene más de 250 millas (400 kilómetros) de largo y 60 millas (96 kilómetros) de ancho en la base.

Los científicos han encontrado fósiles en la Antártida. Esto significa que el continente fue cálido antiguamente y que había vegetación (árboles y plantas).

Glosario

capa de hielo: capa muy gruesa de hielo que cubre una gran extensión de tierra

corriente: movimiento del agua

cúpula: forma redonda, similar a una media esfera

derretir: convertirse en líquido debido al calor

desierto: región donde llueve muy poco

ecuador: línea imaginaria que divide la Tierra por la mitad

erupción: emisión de rocas, lava y cenizas calientes

estación de investigación: lugar donde los científicos trabajan para realizar nuevos descubrimientos

experimento: prueba para demostrar o comprobar algo

explotación minera: extracción de cosas que se encuentran debajo de la superficie de la Tierra

glaciar: masa muy grande de hielo y nieve que se desplaza lentamente

iceberg: gran porción de hielo que flota en el océano

macizo: región montañosa con muchos picos

Polo Norte: el punto más al norte de la Tierra

Polo Sur: el punto más al sur de la Tierra

punto de congelamiento: 32 °F (0 °C), temperatura a la que se congela el agua

ventisca: tormenta de nieve acompañada por fuertes vientos

volcán activo: orificio en la tierra que arroja roca derretida y caliente

libros para leer

Johnson, Robin, Kalman, Bobbie. *El ciclo de vida del pingüino emperador.* Crabtree Publishing Co., 2007.

Royston, Angela. *Oceans.* Chicago: Heinemann Library, 2005.

Índice